सुकून फ़रार हैं

कोई ढूंढे जरा...

राजेश राणा

ISBN 979-888591538-0

"मेरे पिता को जिनके जीवन संघर्ष ने मुझे जीना सिखाया !'

- राजेश 'राणा '"

क्रम-सूची

क्रम-सूची

क्रम-सूची

प्रस्तावना

श्री राजेश 'राणा' का मूल नाम राजेश सूर्यवंशी है तथा वे अपने मूल उपनाम राजेश 'राणा' की पहचान के साथ काव्य और लेख सृजन करते है ! मप्र निमाड़ क्षेत्र के बड़वानी जिले से एक छोटे से ग्राम देवला (नेशपुरा) से ताल्लुक रखते है ! उनके पिता श्री सुखलाल सूर्यवंशी एक उदार हृदय वाले मंझले किसान है ! वे अपने पिता की उदारता और ईमानदारी के कायल रहे है तथा उन्ही के सिद्धांतो का निर्वहन करने का पूर्ण प्रयास करते है ! प्रारंभिक शिक्षा ग्रामीण स्तर पर ही सम्पन्न हुई तथा उच्च अध्ययन जंतु विज्ञान विषय में बड़वानी जिले के शासकीय शहीद भीमा नायक महाविद्यालय से प्राप्त किया ! वर्तमान में भारत सरकार के सबसे प्रतिष्ठित और विश्व के सबसे बड़े नेटवर्क कहे जाने वाले डाक विभाग अंतर्गत इंदौर नगर संभाग में कार्यरत है ! काव्य और लेख सृजन उनकी रूचि का विषय रहा है ! वे एक व्यावसायिक कवि/शायर/लेखक नही है बल्कि जो भी सृजन करते है वो देशकाल का वर्तमान परिदृश्य या जीवन से जुड़ी कोई होनी/अनहोनी घटना का निचोड़ होता है ! उनके सृजन में आप देश , हालात , प्रकृति , जीवन , प्रेम , ग्राम , दर्शन जैसे विविध बिम्बों का प्रतिसाद पायेंगे! आपको उनकी कविताओ/शायरी/नज्मो में जीवन का हर रंग नज़र आयेंगे ! आप इस किताब का आखरी पन्ना पढ़कर हर रंग से सराबोर हो बाहर निकलेंगे !

भूमिका

वो शायर .....जो
" अल्फाज़ो को रूह-ए-खूं में तर कर के बाँट देता है ,
क्या बेमुरौवत ज़माना है कि फिर भी दाद देता है । "
- राजेश राणा

1. मै नही चाहता कि....

मैं नही चाहता कि ;
अब मैं किसी विकसित सभ्यता में जन्म लूं ।
मैं चाहता हूँ ;
कि मेरा जन्म सुदूर कही अमेजन के जंगलों में या
किसी सुदूर अविकसित आदिम सभ्यता में हो ।
जहाँ मेरे पिता ने मेरी माँ को चुना हो बहादुरी से लड़कर , न कि
दहेज राशि या किसी नौकरी रुतबे से।
जहां मेरे जन्म होते से ही न हो कोई शोर शराबा पार्टी धूम
धड़ाका।
मेरे जन्म पर हो बस एक आदिम कबीलाई नृत्य , मद्धिम संगीत
और खुशियां ।
मैं सीखूं मेरे आदिम पुरखो से शिकार करना ,
तीर कमान भाला चलाना ।
मुझे नही मारना छल से पिंजरे में पकड़कर निहत्थे जानवरों को ,
मैं रोज केवल मेरी भूख की चिंता करू ,
न किसी भौतिक सूख की ;
क्योंकि सुख तो मस्तिष्क में उपजी कोई अनदेखी वस्तु है जो
कभी पूर्णता नही लेती ।
मैं नही चाहता कि अब मैं किसी विकसित सभ्यता में जन्म लूं ,
क्योंकि इंसान विकसित होकर
फिर विछिप्त हो जाता है ।
- राजेश "राणा" ©

2. समस्या यह है.....

समस्या यह है कि योजनाएं बनती है ,
खेती के सुधार के लिए ,
सफेदपोश नौकरशाहो द्वारा ,
बैठकर ए. सी. रूम में ;
खाते हुए बादाम , काजू , हलवा , रिफ्रेशमेंट !
पीते हुए मिनरल वॉटर ऑफिस के डेस्क पर ।
जबकि योजनाएं बनना चाहिए थी ;
खड़े होकर खेत में ,
घुटने तक भरे पानी के बीच में घंटो रहकर ,
खाते हुए कांदा-मिर्ची चटनी संग सुखी नून रोटी ;
घंटो बिजली की बांट जौहते हुए ,
गिरवी रखते हुए खेत साहूकार को ,
अन्तस्थ में चुभती बेचैनी को महसूस करते ;
जाड़े-पाले-ओले , अतिवृष्टि-अनावृष्टि में ,
होती फसल बरबाद देखकर , बनना थी योजनायें ।
सुधार तब तक स्वप्न है , जब तक समस्या की जड़ तक न पहुँचा जाएं !
- राजेश ' राणा '

3. परिंदों...

परिंदो ,
तुमने कभी शिकायत नही की ,
कि हवा जहरीली है ,
झील का पानी खारा है ,
रहने को पेड़ कम बचे है ,
अब हमारा क्या गुजारा है ।
परिंदो ,
तुमने कभी ,
चीख पुकार नही मचाई ,
अपने सगे संबंधियों की मौत पर ,
या आज के शोरगुल में ,
वो किसी को नही दी सुनाई ।
परिंदो ,
तुमने कभी खुद के अधिकारों को लेकर
नही दिए धरने ,
न की शोक सभाएं ,
न निकाली कभी रैलियां ।
परिंदो ,
तुम मरे तो बस मर गए ,
हमेशा के लिए ।
इंसानों के मरने पर ,
होती है शोक सभाएं ,
होती है संवेदनाएं ,
होती है तेरहवीं ,

होती है पगड़ी रस्म ,
होती है अन्नपंक्ति ,
और होती है एक पुण्यतिथि ;
इंसान क्यों नही मरता ऐसे ,
जैसे मरते हो तुम हमेशा के लिए ।
- राजेश "राणा" © {20/11/2019}
(देश की सबसे बड़ी पक्षी त्रासदी पर)

4. इन्सान होने के प्रमाण

जो पके नही ,

जो सूखे नही ,

जो झड़े नही ,

जो गिरे नही ,

वे पत्ते , वे फूल , वे शूल कृत्रिम होंगे ,

उनमें न गंध होगी न सुगंध ;

पकना ,

सुखना ,

झड़ना ,

गिरना जीवंत जीवन के प्रमाण है ;

जो रुके नहीं ,

जो थके नही ,

जो झुके नहीं

जो टूटे नही ,

जो रूठे नही,

वो इंसा नही ,

कोई कृत्रिम हाड़ माँस का पुतला होगा ,

रुकना ,

थकना ,

झुकना ,

टूटना ,

रूठना ,

जीवित इंसान होने के पक्के प्रमाण है !

- राजेश ' राणा '

5. हमने सब आउटसोर्स कर दिया ....

हमनें हाथों का काम रोबोट को दे दिया ;
हमनें पैरों का काम वाहनों को दे दिया ;
हमनें मस्तिष्क का काम कंप्यूटर को दे दिया ;
हमनें आँखों का काम कैमरे को दे दिया ;
हमनें शरीर के सारे कार्य आउटसोर्स कर दिए ,
इसीलिए हृदय अचानक हड़ताल कर देता है ,
मस्तिष्क तंत्रिकाएं काम ठप्प कर उद्वेलित होती है ,
हाथ-पैर लकवा मारकर बेरोजगारी का विरोध दर्ज कराते है ,
हम शारिरिक रूप से भी बेहद निजीकरण के दौर से गुजर रहे है ;
एक दिन पूरा शरीर हड़ताल करेगा ;
फिर काम कौन करेगा ??
मशीनें ??
पर मशीनों को तो पसीना ही नही आता ,
फिर आपकी देह-गंध कौन बनाएगा भला ??
- राजेश ' राणा '

6. यह जिन्दगी किसी फुल सी बीते...

फूल को नही पता कि ,
बस कुछ समय बाद ही मुझे ,
किसी डिब्बे में जाकर सड़ना है ,
लेकिन उससे पहले वो ;
कितने ही लोगों के गले लग आता है ;
कितने ही लबों को चूम आता है ;
कितनों की ना को हाँ में बदल आता है ;
कितनों की वेणी में सज आता है ,
कितने ही देवो के शीश पर चढ़ आता है ,
मैं कहता हूँ ;
आखिर में सबको कब्र में सड़ना ही है ,
मेरी भी जिंदगी भले थोड़ी सी बीते ;
लेकिन किसी फूल सी बीते....
- राजेश ' राणा '

7. हौसला पहाड़ सा....

हो हौसला पहाड़ सा ,
शेर की दहाड़ सा ।
है मुश्किलें कुछ नही ,
बस राह की है ठोकरे ।
बड़े चल , बड़े चल ,
खुद को बस तू झोंक रे ।
समय सब लील जायेगा ,
बाद तू पछतायेगा ।
अभी भुजा में जोर है ,
हवाओँ में भी शोर है ।
हाथी सा चिंघाड़ तू ,
फौलाद को भी फाड़ तू ।
राष्ट्र का है तू युवा तो,
इस राष्ट्र को तू दे दिशा ।
हर उठने वाली आँख का,
तू नामोनिशा दे मिटा ।

- राजेश ' राणा '

8. मिट्टी की यारी....

मिट्टी के घरों की यारी थी ,
बारिश के पानी से ।
बरसात में अक्सर दोनों साथ मिल जाते थे ।
मिट्टी बह जाने देती थी पानी को ,
खुद के अंदर से ।
और घर की छत से रिसने लगता था पानी ।
लोग अक्सर छत टपकने से,
सटकर बैठ जाते थे आसपास,
रिश्ते अक्सर गीले
नाजुक और नम होते थे ।
सीमेंट और पानी की अनबन है,
नही बहने देती छते आजकल
पानी को घर के अंदर।
सूखे रहते है लोग आजकल।
सीमेंट की छते सूखा रखती है सबकुछ।
सारे रिश्ते भी सूखे रहते है आजकल
न भीगते है और न , नम होते है।
बारिश और मिट्टी की यारी थी कभी ।
- राजेश ‘ राणा ’

9. बाप के कंधे..

एक बाप के कंधे कभी बूढ़े नही होते ,
मैंने लाठी से मज़बूत पिता के कंधे देखे है,
उम्मीदों का आसमान और
अरमानो का बोझ उठाये ,
मेरे पिता के कंधे कभी नही झुके ,
चाहे कितनी भी चले वक्त की आंधियां,
मेरे आँगन में खड़े बरगद और ,
मेरे घर को उठाये मेरे पिता के
हौसलों की जड़े कभी नही उखड़ी ,
न जाने कौन सा वरदान लेकर आते है पिता ,
उनके कंधे कभी झुकते नही ,
उनके पैर कभी थकते नही ,
उनकी तारीफ के काबिल ,
कोई शब्द नही पाता मैं ।
- राजेश ' राणा '
(पितृ दिवस पर)

10. मैं लौटता हूँ अक्सर...

मैं अक्सर लौटता हूँ , मेरे गाँव की और ,
शहर के कांक्रीट के जंगल की आबोहवा ,
मेरी साँसे तोड़ देती है जब , तब ;
यंत्रो का कोलाहल , रास नही आता ,
गाँव की अमराई में आज भी ,
कुँक उठाती कोयल , हूँक उठाते पपीहे ,
राग सुनाते मोर , कलरव करते खंजन,
मेरे मन की बेचैनी को हरते है ,
शहर का पानी भी आजकल जहर हो गया हैं,
गाँव के कुँए , ताल , तलैया आज भी इतराते है ,
सज्जनता नही छोड़ते वे , आज भी ,
क्या मानुष क्या अमानुष सबका गला तर करते है ,
शहर का धुँआ जब मेरे गले तक भर आता है ,
तब मै लौटता हूँ अपने गाँव की और ,
गाँव का बूढ़ा बरगद अपनी लाठी के सहारे खड़ा है ,
लेकिन अपनी राँरो छोड़ना नही भूलता अब भी ,
मैं जी भर के भर लेता हूँ प्राणवायु अपने अंदर ,
फिर थोड़ा सा जी कर , थोड़ा मरने चल पड़ता हूँ शहर की और ।
- राजेश ‘ राणा ’
(विश्व पर्यावरण दिवस के उपलक्ष्य में)

11. ईश्वर की पदचाप

मुल्ला ढूँढे ,

पंडा ढूँढे ,

ढूँढे राम रहीम ;

बताओ तो...

ईश्वर,अल्लाह,जीसस,है कहीं ?

काशी ढूँढे ,

काबा ढूँढे ,

और ढूँढे हर कहीं ;

ईश्वर की पदचाप हैं , कही ??

पर सुनों गौर से ..

जो धड़कती सीने में चुपचाप है ,

याद रखों वही तो ईश्वर की पदचाप है...

- राजेश ' राणा '

12. पेड़ की पीड़ा...

पेड़ दर्ज नही करवाते है मुक़दमे ,
उनकी हत्या के ;
पेड़ो के लिए , नही होती हैं अदालते ;
पेड़ नही रोते कभी ,
उन्हें पत्थर मारे जाने पर ;
उनकी शाखें काट देने पर ;
नही बहता है खून कभी ,
जब कुल्हाड़ी चलती है उन पर !
ईश्वर जब अगली सृष्टि का निर्माण करो तब ,
पेड़ को भी देना ,
अस्थि मज़्ज़ा लहू लाल ;
और देना उन्हें जुबानें ,
ताकि जब उन्हें काटा जाए तो चीत्कार हो ;
लहू के फ़वारे उठे ।
मालूम हो कि पेड़ नही चीखते ,
जब उन्हें काट दिया जाता है ;
जो पेड़ सुनाते अपनी पीड़ा ,
तो आज दुनिया में रक्तिम अश्रु का सैलाब बहता ।
- राजेश ' राणा '

13. दो दुनिया..

रंग दोनों के चेहरे के लाल ,
एक गुलाल , एक लहू ,
मानवता के मुक्तिदाता ,
इस कृत्य पर क्या कहूँ ?
दोनों के माथे पे रंग ,
देखके मेरा हृदय दंग ,
मेरे भीतर भीतर रण ,
सहने का ये अंतिम क्षण ,
और अब कितने ज़ख़्म सहूं ,
मानवता के मुक्तिदाता ,
इस कृत्य पर क्या कहूँ ?
तन उद्वेलित , मन आक्रोशित ,
ख़ु बहाकर किसके हित ,
हारी मानवता फिर किसकी जीत,
बहते बहते आँखों से भी बहा ,
अब और कितनी बार बहुँ ,
मानवता के मुक्तिदाता ,
इस कृत्य पर क्या कहूँ ?
- राजेश ' राणा '
(सीरिया में हुए रक्तपात पर)

14. दो जून की जद्दोजहत..

दो जून की जद्दोजहत में ,

जीवन रस यूँ सुखा ,

शिरायें देखों यूँ खुद से उधड़ी,

पेड़ की जड़े ज्यों माटी से बिछ्ड़ी ,

देखों मैं फिर भी जीता हूँ ,

हर दिन कटु गरल पीता हूँ। (१)

हर दिन मेरा पोषित करने ,

जीवन को उद्घोषित करने ,

धुप में तान के छतरी अपनी ,

कर से मेरे बने ,बीज बोता हूँ,

देखों मैं फिर भी जीता हूँ ,

हर दिन कटु गरल पीता हूँ। (२)

अपंग नही जो हाथ फैलाऊँ ,

मै क्यों यूँ अनाथ कहलाऊँ ,

खुद के दर्द में खुद सहलाउ ,

मैं उधड़ा वक्त खुद सिता हूँ ,

देखों मैं फिर भी जीता हूँ ,

हर दिन कटु गरल पीता हूँ। (३)

- राजेश ' राणा '

(एक कृशकाय व्यक्ति की आजीविका पर)

15. सरसों फूली पिली पिली...

सरसों फूली पिली पिली ,
गेहूं की बालियां सपनीली,
पेंच दे रही ज़िन्दगी लेकिन ,
उड़ी अपनी पतंग रंगीली । (१)
आओ मिलकर ख़्वाब गिनाए,
किसके ज्यादा किसके कम ।
उम्मीदों की डोरी से बंधकर,
उड़े अपनी पतंग हरदम । (२)
हैं ज़िन्दगी गर पथरीली ,
तो पत्थरचट्टा क्यों न उगाये ।
सबकों ख्वाहिश है फूलों की ,
हम तुम काँटो को रिझाये । (३)
है धुंआ अगर ज़िन्दगी तो ,
इसको छल्लों में उड़ाए ।
है ज़िन्दगी अगर पतंग तो ,
सातवे आसमान पर उड़ाए । (४)
जीवन सुखदुख भरी टोकरी ,
अपनी पसंद की खुशियां छाँटे ।
जिस तक न पहुँची है अब तक ,
उस तक त्योहारों के पल बांटे (५)
- राजेश ' राणा '
(त्योंहारी ख़ुशी पर)

16. भक्त.....

राम नाम का तमगा टाँगे ,
खड़े द्वारे भक्त अभागे ,
जीवन पथ का ज्ञान ले रहे ,
ये सुसुप्तजन कैसे जागे ।
भरी नींद में सोये हुए ,
किसी नशे में खोए हुए ,
ज़हरी बीज बोये हुए ,
मानवता के उधड़े धागे ।
ये सुसुप्तजन कैसे जागे ।
यही माता अब यही पिता ,
जनसमूह अंधभक्ति में जिता ,
अमृत भ्रम में ज़हर ही पीता ,
बाबाओं की बाते ज्यों गीता ,
केंचुली विषधर अब बस त्यागे ।
ये सुसुप्तजन कैसे जागे ,
ये सुसुप्तजन कैरो जागे ।
- राजेश ' राणा '
(देश में फैली अंधभक्ति पर)

17. देह भाषा...

उम्र की झुर्रियां नही है ये ,
जो चेहरे पर है मेरे ;
अनुभव की लकीरें है ये ;
देह की भाषा है ये ,
जो समय के चाक ने खींची है ,
मेरे चेहरे के श्यामपट्ट पर ,
एक एक कर ।
बढ़ा ताज्जुब है कि
तुम शाला में पढ़ने जाते हो ,
पर मेरे सामने बैठकर नही पढ़ते
मेरे चेहरे के श्यामपट्ट पर
लिखा ये जीवन का ककहरा ,
बहुत काम का है तेरे ,
इसमे जीवन का गणित ,
विज्ञान , भूगोल है ;
पर पढ़ने नही आते अब तुम
बूढ़े हो गए है ना हम इसलिए ;
तुम्हे झुर्रियां नज़र आती है ये
जो देह की भाषा है ।
- राजेश ' राणा '
(बुजुर्गो के सानिध्य को छोडती युवा पीढ़ी पर)

18. रेशम

ये जो रेशम की महीन ,
संगमरमरी डोर है न ,
ये किसी की साँसों की
घुटन से बुना तानाबाना है ,
ये जो झक सफ़ाक़ सा
महीन तानाबाना है न ,
ये बुनकर की सांसो
की माला है , याद रहे ,
एक-एक साँस को
लपेटा है कफ़न की तरह ,
बदलने खुद के वजूद को,
फ़ना होना पड़ता है ,
कुछ यूं ही है जिंदगी
का फ़लसफ़ा भी ,
बदलने खुद के वजूद को,
फ़ना होना पड़ता है ,
- राजेश ' राणा '

19. मैं अनुरागी....

तुम माटी की सौंधी महक ,
मै बारिश की पहली बूंद ।
तुम ऊर-अंतस्थ कसक ,
मैं कोहरे की फैली धुंध ।
जो देखना हो मेरा अनुराग ,
पहले अपनी आँख तो मूँद।
- राजेश ' राणा '

20. मेरा प्रेम....

कलकल नाद सा बहता वो ,
मेरे अंतरंग में ,
कौतुक सा निहारता मैं ,
ऊर उमंग में ,
स्वछंद सा रहता वो ,
अपने ही ढंग में ,
पीत-पराग सा वो
जीवन बसन्त में ,
मधुर संगीत सा वो,
राग तरंग में ,
कस्तूरी सा खोजता मै ,
पर वो तो है अंग अंग में।
कौन ?? मेरा प्रेम !
- राजेश ' राणा '

21. राम , तुम सदा राम ही रहे...

राम , तुम सदा राम ही रहें ,

अपने नाम को साकार करने ,

न जाने कितने दुःख सहे ,

अगर तुम भी अपनी मर्यादा खोते ,

तो आज धरा पर कहा राम होते ,

पुरुषो में उत्तम तुम ही कहे जाते हो ,

शबरी की अश्रुधार बन बहे जाते हो ,

वो राम और आज के रामों में कितनी भिन्नता है ,

आज के हर रिश्तो में लालच, लोभ और खिन्नता है ,

प्रेमाकुल सहृदय उदारता तब , गंगधार सी बहती थी ,

अपनी ख़ुशी से बढ़कर ,अपनों की ख़ुशी रहती थी ,

आज हर और स्वार्थ , छल कपट लोभ है ,

इसलिए देखो हर और कितना छोभ है ,

अब भाई-भाई में वो प्रेम कहा ,

ममता तो है पर अब ममत्व कहा ,

प्रेम में प्रेमत्व कहा , पुरुष में पौरुषत्व कहा ,

हे राम , पुन: अवतरित हो जाओ ,

रिश्तो की वो परिभाषा समझाओ !

- राजेश ' राणा '

(श्री राम नवमी पर)

22. एक मेहनतकश...

ऊर में अपने ख्वाब विशाल लिए,

गर्दिश-ए-वक्त के विरुद्ध ढाल लिये।

निकल पड़ता है वो सुलगती धुप में ,

पकड़ने मेहनत के मोती जाल लिए।

घर में अक्सर मायूसी के अँधेरो के घेरे,

निकल पड़ा चीरने तम को मशाल लिये ।

एक मेहनतकश की ऋणी रहती है धरा ,

चल पड़ा वो मुस्कान कमाल लिए ।

- राजेश ' राणा '

(एक मजदुर के लिए)

23. पथ....

तुम पथ गामी ,

मै तुम्हारी मंजिल की साक्षी,

तुमने मुझे कुचला

अपने पैरों तले ,

आतुर हो , चूमने अपनी मंजिल ;

मैंने कभी प्रशंसा की चाह तक न की ;

वजह मैं बनी ,

पर तुमने कभी वाह तक न की ;

स्वहित अपना साधने ,

निरन्तर चले तुम मुझ पर ;

तुम हो मेरे अनुगामी ।

मै तुम्हारी मंजिल की साक्षी !

- राजेश ' राणा '

(एक राह के लिए)

24. स्त्री....

"स्त्री" दो जीवन तटों के मध्य ,

कलकल नाद , बहता नीर ,

"स्त्री" दो जीवन तटों के मध्य ,

कलरव , गौरव गान ,

"स्त्री" दो जीवन तटों के मध्य ,

दो वंशो का मान ,

बहती रहे दो जीवन तटों को संभाले ,

तो पुष्पित , सुरभित , गर्वित ,

पर टुटे जो तट बंधन तो ,

विप्लव , प्रलय , विध्वंस ,

तो क्या बहती ही रहे ,

जीवन तटों के आघातों को सहती ही रहे ,

बहना जीवन नियति है ,

किन्तु क्या तट बंधन ही रीती है ,

अब तट बंधन खोलने होंगे ,

उद्दगार मन के बोलने होंगे ,

मन के मौन सुनने होंगे ,

सपने इनके भी बुनने होंगे ,

"स्त्री" दो जीवन तटों के मध्य ,

निर्झर , निर्मल , बहता नीर ।

- राजेश ' राणा '

(एक स्त्री के जीवन पर)

25. माँ

क्या तुम्हे पता है "माँ" ?
एक दिन है तुम्हारा भी ,
सिर्फ एक दिन ,
जब तुम्हे सुना जाता है ,
जब तुम्हे बुना जाता है ,
जब तुम्हारे लिये शब्द गढ़े जाते है ,
जब तुम्हारे लिए काव्य पढ़े जाते है ,
"माँ" क्या तुम्हे पता है ? ,
एक दिन है तुम्हारे नाम भी ;
क्या तुम्हे पता है ?
उस दिन तुम्हारा आकार गढ़ा जाता है ,
तुम्हे साकार किया जाता है ,
सम्मान मैं तुम्हारे ,
बहुत कुछ पढ़ा जाता है ,
बस सिर्फ एक दिन ।
- राजेश ' राणा '
(मातृ दिवस के लिए)

26. प्रश्न ...

रीते कुँए ,
बीते पल ,
इस जीवन के कितने छल ।
ज़िद नादानी ,
मन अभिमानी ,
इस जीवन के माथे पर बल ।
छोड़ चले ,
भौर तले ,
इस जीवन को दे कौन सबल ।
मन विद्रोही ,
तन अवरोही ,
इस जीवन गणित का कौनसा हल ।
- राजेश ' राणा '

27. क्षणिकाएं...

जाने कितनी याद दे गए ,
गहरे घाव , ऊर के लगाव ।
जाने कितनी बात कह गये ,
रुके पड़ाव , जलते अलाव ।
जाने कितने ज़ख्म सह गये ,
चलते पांव , मेरे गांव ।
जाने कितना सुकून दे गए ,
उम्मीद की नाव ,धुप और छांव , ।
जाने कितनी थकन दे गए ,
रिश्तो के चढ़ाव , मन के झुकाव।
- राजेश ' राणा '

28. मज़दूर....

मज़दूर , जिससे रोटी रहती है दूर ,
मज़दूर , जिससे घर रहता है दूर ,
मज़दूर , जो थककर रहता है चूर ,
मज़दूर , जिससे सरकार रहती है दूर ,
मज़दूर , जिससे खुशियां रहती है दूर ,
मज़दूर , जिसके पास रहती हैं भूख ,
मज़दूर , जिसके पास रहते है दुःख ,
मज़दूर , जिसके पास रहती है बेबसी ,
मज़दूर , जिसके पास रहती है बेकशी ,
वो मज़दूर , विध्वंश नही , करते है निर्माण ।
- राजेश ' राणा '
(मजदूरो की दशा पर)

29. ज़िन्दगी का छोर...

पकड़ ज़िन्दगी का कोई छोर ,
बाहर निकल देख हुई भौर ,
क्यों नही सुनता तू तेरे मन का शोर ,
खुशिया कही नही है ,हैं खुद तेरी और,
वक्त की धुप में जिंदगी की औंस पल भर में उड़ेगी ,
खुशिया चुरा कही से भी , कर जतन , बन कर चोर ,
दुःखो ने खुदा को भी नही बख्शा है याद रख ,
तू तो इंसान है , जरा तस्सली से कर ये गौर ।
- राजेश ' राणा '
(एक हारते इन्सान के लिए)

30. हिंदी

क्या आज हिंदी सिर्फ दिवस में सिमट गयी ?

क्या आज हिंदी की पहचान मिट गयी ?

मैं कहता हूँ नही , बिलकुल नही ।

हाँ , अंग्रेजीदा लोगो के आँखों की किरकिरी हूँ,

हाँ , अंग्रेजी जुबानों के लिए थोड़ी चिरपिरी हूँ;

मैं बच्चन का हाला हूँ , मै तुलसी की माला हूँ ;

मैं उन्मुक्त गगन निराला हूँ।

क्षुधा अतृप्त लिये मैं हिंदी प्रेमियों का निवाला हूँ।

जब कोई ओजस्वी कवि मुक्त स्वर में गाता है ,

जब खुसरो , रासो , रसखान छंद सुनाता है।

तब हिंदी परिष्कृत होती है ।

मैं मीरा का प्रेम , मैं कबीर की वाणी ,

मैं मैथिली की बोली , मैं कितनी भोली ।

अब तक तो पहचान वही है , मरी मुझे न समझो ,

मुझमें अब भी जान वही है ।

वंदन भी हिंदी , चंदन भी हिंदी ,

बन्धन भी हिंदी , कंचन भी हिंदी ,

हिंदी की पहचान यही है ,

मातृभूमि का मान यही है ,

हिंदुस्तानी सम्मान यही है।

मुक्त कंठ का गान यही है।

- राजेश ' राणा '

(हिंदी दिवस पर)

31. मेरी डायरी...

अब हम कुछ नही करते ,
सब तकनीक करती है ,
किसी का जन्मदिन ,
किसी का खास दिन,
किसी का उदास दिन ,
कोई सालगिरह ,
कोई जिरह ,
सब तकनीक याद रखती है !
तकनीक याद करती है ,
तकनीक याद रखती है ,
तकनीक याद दिलाती है ,
मेरी शुभकामना ,
मैं नही पहुँचाता किसी को
तकनीक पहुँचाती है ।
मैं मेरी वो पुरानी डायरी
अब नही खोजता ,
वो कही चीढ़ कर दुबकी रहती है ,
अलमारी के किसी कोने में ,
शायद आँसु बहाती होगी ,
खुद के वज़ूद के खात्मे का।
और तकनीक के जन्म का
मर्सिया पढ़ती होगी खुद का ,
मेरी वो डायरी ।
- राजेश 'राणा'

32. कैसे आज़ादी पर्व मनाऊ...

संविधान के पृष्ठ जले ,
भोले भारतीय रोज छले ,
मानवता के दिन ढले ,
सांप आस्तीन में पले ,
कैसे आज़ादी पर्व मनाऊ ।
अपने , अपनों से लड़े ,
दुश्मन मेरे द्वार खड़े ,
सरहद कितने शीश चढ़े ,
खुशियो वाले फूल झड़े ,
कैसे आज़ादी पर्व मनाऊ ।
अन्नदाता फांसी झूले ,
मुक्तिदाता फर्ज भूले ,
देश में घमासान चले ,
मानव की न जात मिले ,
खाने को न भात मिले ,
कैसे आज़ादी पर्व मनाऊ ।
कैसे आज़ादी पर्व मनाऊ ।
- राजेश ' राणा '
(देश में फैली अराजकता पर)

33. रंग...

कौनसा रंग डालु आज ,
मै मानवता के मुख पर ।
सहज नही हो पाता मैं ,
अन्तर्वेदना के दुःख पर ।
हरा बंटा , केसरिया बंटा
नीला बंटा , अब क्या बचा ।
मानवता का फलता पेड़
जाने कितनी बार कटा ।
कोई रंग अब कही न बचा ,
जो खुशियो संग मैं खेलूं ।
- राजेश ' राणा '
(सांप्रदायिक उद्वेगों पर)

34. फिर कुछ नया...

दिन वही है , रात वही है ,
पल वही है, बात वही है ,
तो कुछ नया ?
हौसलों के पर उगा ,
सोये ज़मीर को जगा ,
फिर होगा कुछ नया । (१)
मैं वही हूँ , तु वही है ,
हाथ वही है , पैर वही है ।
तो कुछ नया ?
क्यों है थककर बिच राह खड़ा ,
अपने पैर नई मंज़िल की और बढ़ा ।
फिर कुछ होगा नया । (२)
दुःख वही है , दर्द वही है ,
मर्ज़ वही है , क़र्ज़ वही है ।
तो कुछ नया ?
कुछ भूले फ़र्ज़ निभा ,
अपने के कुछ अर्ज़ निभा ।
फिर होगा कुछ नया । (३)
बशर वही है , हसर वही है ,
दिल में बैठी कसर वही है ,
तो कुछ नया ?
सोये हुए भाग्य जगा ,
उम्मीदो की लौ जला ।
फिर देखो जरूर होगा कुछ नया । (४)

- राजेश ' राणा '
(हर नए वर्ष पर कुछ नया करने का सोचती पीढ़ी के लिए)

35. मन..

मन आनन्दित अंतरंग तक ,
प्रफुल्लित जैसे कुसुम सा ,
मन स्थिर , अविचल अटल ,
किसी दृग सा ,
मन तलाशता गन्ध ,
आकुल व्याकुल किसी मृग सा ,
मन शून्य खोजता किसी अनन्त सा ,
मन अधीर , बधिर , बस अंत सा ,
मन मुखरित सुरभित ,
पित बसन्त सा ,
मन की थाह में ,
खुद की चाह में ,
खोजने को मैं ,
अथाह चला।
- राजेश ' राणा '
(मन की थाह लेती रचना)

36. तेरा-मेरा

क्या तेरा है क्या मेरा है ,
बस रात का रैनबसेरा है ,
लालसाओं के फिर पहरे क्यों ?
उम्मीदे आसमाँ में ठहरे क्यों ?
आशाओं के दीप जलाओ ,
सबके मन में तम घनेरा है ।
फिर इतने सारे चेहरे क्यों ?
बोलने वाले बहरे क्यों ?
सच को झूठ ने घेरा है ,
जीवन साँझ सवेरा है ।
- राजेश ' राणा '
(वैरागी जीवन पर)

37. स्वप्न धरा

स्वप्न धरा में बोये तुमने बीज ये कैसे विषैले।
पुलक बोई वह माटी विषदंत को कैसे झेले। (१)
बाँझ सी ज़िंदगी में देखो नवांकुर तो फूटे।
तुम फिर से बातों बातों में हमसे क्यों रूठे । (२)
साथ रहो , न रहो , ज़िन्दगी तो कट ही जायेगी,
मेरे हिस्से ज़ख्म घने है , ज़िन्दगी ही सहलायेगी। (३)
आती रही है अपने हिस्से बदनसीबी की झोली ,
तुम मनाओ रोज दिवाली , और मनाओ होली । (४)
ज़िन्दगी बहुत टेड़ी है , न समझो सीधी भोली,
पैदा होते ही मैंने तो धुप में ये आँखे खोली। (५)
- राजेश ' राणा '
(नित नयी उलझनों से सामना कराती जिंदगी पर)

38. गुरु

सब कुछ दिया गुरु ने मेरे ,
नही कुछ भी यहाँ मेरा ।
अगर मैं खुद को रात कहूँ ,
तो गुरु ही मेरा सवेरा ।
जग में नही है ठौर , गुरु बिन ,
गुरु सा नही , कोई और गुरु बिन ,
गुरु ही मेरा ठौर ,गुरु ही मेरा बसेरा ।
गुरु के तप और ताप से चलते ,
पांव ये मेरे कद नाप के चलते ।
गुरु ने दिया है ज्ञान मुझे वो ,
बिन आँखों के मैं चल लेता हूँ ,
राह में हो भले तम कितना ही घनेरा।
- राजेश ' राणा '
(जिंदगी को गढ़ने वाले गुरु और शिक्षको को समर्पित)

39. अंतर्मन का नेह

अंतर्मन का नेह निचोड़े ,
ज़िद अभिमान से मुख मोड़े ,
लिए हाथ में प्रेम पिचकारी ,
रंग कान्हा राधा के मुख छोड़े ,
रंगों का त्यौहार ये देखो ,
क्या हरा , पिला ,केशरिया ,
महुआ हुआ मदमस्त ये देखो ,
हुई सतरंगी नैन नजरिया ।
तृष्णाओं को स्वाहा करके ,
जीवन रस से आहा करके ,
बहती रहे बासन्ती बयार नित
जीवन रीती में हो बस प्रीत ।
- राजेश ' राणा '
(रंगों के त्यौहार होली पर)

40. भारतीय

मेरे देश का सबसे बड़ा रोग ,
आज़ाद देश के गुलाम लोग ,
हम साम्प्रदायिकता को पकड़े ,
हम पुरातन बेड़ियों में जकड़े ,
हम आधे आज़ाद है , हम आधे गुलाम ,
हम खुशियो से आबाद है पर सोच से गुलाम ,
पूरी आज़ादी पे आधी गुलामी भारी पड़ती है कभी ,
नौनिहालों की साँसे , सियासत से लड़ती है कभी ,
क्या इसी आज़ाद भारत के लिए फाँसी चढ़े थे बलिदानी ,
आज कुटुंब कबीला, कौम का हर जन है केवल स्वयं पर अभिमानी
,

कदम कदम पर, डगर डगर पर , नगर नगर पर ,
हम बंटे हुए लोग , हम छंटे हुए लोग , हम कटे हुए लोग ,
फिर देश को आज़ाद समझना कितनी बड़ी है नादानी ,
एक जात हो , एक धर्म हो ,
एक राग हो , एक वर्ण हो ,
वो केवल भारतीय ।
एक पंथ हो , एक ग्रन्थ हो ,
वो केवल भारतीय ,
एक गीत हो, एक मीत हो ,
एक रीत हो , एक प्रीत हो ,
वो केवल भारतीय ।
खंड खंड से अखंड होकर आज़ाद भारत का ,
सपना साकार करने हम बड़े चले।

- राजेश ' राणा '
(देश की एकता के लिए)

41. हे ईस्वर

ज़िन्दगी अगर कठिन दी है,
तो मौत को सरल कर देना ।
प्यासे के सामने पी लूँ जो पानी ,
तो उस पानी को गरल कर देना ।
बढ़ा जटिल न बनाना मुझे कभी ,
एक मुस्कान से ही हल कर देना ।
माटी का बनाया है घर मैंने जो ,
उसे मेरा ख्याब महल कर देना ।
तपती धूप में मुसाफ़िर के लिए
सहरा की रेत को जल कर देना ।
जो भी मिले उसका दूना दूँ मैं औरो को ,
मुझने ऐसा बाली सा बल कर देना ।
रजकण मिले माँ के पैरों के "राणा"
पूजूँ उसे मैं ब्रह्मकमल कर देना ।
- राजेश ' राणा '
(कठोर जिंदगी को देखते हुए)

42. क्यों तुम मुझे चाहो..

साँझ की ढलती किरणों में ,

चमकते गुलाब के पत्तो पर ,

औंस की बूंद सी तुम ,

शीत के कोहरे में लिपटी किसी

डाली सी इठलाती तुम ,

मैं किसी दावानल की आग में ,

जला , झुलसा हुआ एक अदद पहाड़ सा,

निष्ठुर , क्यों तुम मुझे चाहो ?

तुम किसी स्वप्निल रात की नदी के कौर पर

कुमुदनी के पत्तो सी स्थिर , अविचल , अटल,

मैं किसी बंजारे सा , गावँ गावँ , शहर शहर

किसी को ढूंढता एक नज़र,

क्यों तुम मुझे चाहो ?

हिम तुषार सी तुम कोमल ,

मधुर किसी मधुकर सी ,

शून्य में खोई किसी तितली सी ,

मैं किसी भीड़ के कोलाहल सा ,

कर्कश खिलंदड़ सा अहसास लिए ,

क्यों तुम मुझे चाहो ?

\- राजेश ' राणा '

43. फूल और धूल...

तुम चमन का फूल हों,

मैं धरा की धूल ,

मुझसे प्रीत महंगी होगी ,

चुभेगा मन में शूल ,

गर्दिश-ए-वक्त में भी ,

मैं , सरल , सहज रहता हूं ,

और यही कहता हूँ ,

तुम चमन का फूल हो ,

मैं धरा की धूल ,

गाम्भीर्य ओढ़े रहता हूँ ,

मार वक्त की सहता हूँ ,

पानी जैसा बहता हूँ ,

एक पग न चल पाओगी ,

मेरे साथ न ढल पाओगी ,

देखो जिद न करो , फिर कहता हूँ ,

मैं धरा की धूल हु , तुम चमन का फूल ।

उसूल मेरे निराले है ,

पैर के छाले , पाले है ,

खुशियो पर जाले है ,

नसीब के अक्षर काले है ,

लबो पे अक्सर ताले है ,

बार बार यही कहता हूं ,

मैं धरा की धूल हूँ , तुम चमन का फूल ।

- राजेश ' राणा '

44. कौन मरा..?

कोई कहना है हिन्दू मरा ,
कोई कहता है मुसलमान मरा ,
कोई कहता है किसान मरा ,
ओ , इंसानियत के दुश्मनों ,
मुझे लगता है कि इंसान मरा ।
खा लीजिये विलासिता ,
अगर पेट भरता हो तो ,
मैंने भूख से मरते इंसान देखे ,
लगता है कि भूख से भगवान मरा ।
बड़े मसरूफ़ होके जो देख रहे ,
ये तमाशा तो सियासत का लगता है ,
जरा गौर से देखिये एक भूमिपुत्र मरा है ,
मुझे लगता है कि सारा जहान मरा ।
- राजेश ' राणा '

45. गुरुगान..

गुरु ज्ञान का स्रोत है , बन्दे तू गुरु को खोज ,
गुरु गर्व का द्वार है , बन्दे स्मरण कर तू रोज।
गुरु बिन जीवन , अंधियारी सी एक रात ,
गुरु बिन जीवन , नितदिन दुखो के घात ।
गुरु सुमिरन से कटे , जीवन के सब पाप ,
करे दूर अज्ञान से , गुरु नाम का नित जाप।
गुरु महिमा बखान का न कोई और न छोर ,
गुरु शीतल चंद्रमा , फैला प्रकाश चहुओर ।
गुरु नाव भवसागर की करती उस पार ,
जप नाम गुरु का , जीवन के दिन चार।
सन्त संगति , गुरु संग रहती सदा मौज़ ,
निरूप , कृशकाय चेहरे पे लाते वे ओज।
गुरु महिमा बखान ज्यों सागर सम्मुख बून्द,
गुरु की एक झलक पाने आँख तू अपनी मूंद।
- राजेश ' राणा '
(गुरु को समर्पित)

46. प्राणवायु

प्राणवायु छीनी है किसी ने ,
चंद सांसो की ,
शायद आज़ादी का जशन मनाने को
गुब्बारे फुलाने काम आये ,
सियासतदानों के ।
जिन्हें वातानुकूलन के अभाव में ,
कितनी छटपटाहट होती है,
जानता हूँ उनके लिए कोई क़ीमत नही उस वायु की ,
सेवक का चोगा पहने वे गिद्ध ,
और कुछ खबरिया चैनल ,
फिर बैठेंगे मासूम लाशों पर ,
बटोरने संवेदनाये ,
जानता हूँ सब चट्टे बट्टे है एक थाली के ,
वोट ही जिनका सबसे सच्चा मीत है ।
कौन समझेगा उन सिसकती माॅओ का रोना,
महीनो जिसे अपनी छाती से लगाया उनका खोना,
एक आम आदमी सिर्फ संवेदना रखता है साथ,
रखता प्राणवायु तो फूँक देता उन उखड़ती सांसो में,
और जी जाती वे मरती ज़िंदगियां।
- राजेश ' राना '
(देश में घटी एक बड़ी चिकित्सकीय दुर्घटना पर)

47. हम आते है...

तुम तूफाँ लेकर चलो ,
हम पतवार लेकर आते है ।
तुम भँवर लेकर चलो ,
हम कश्ती मझधार लेकर आते है ।
तुम पत्थर लेकर चलो ,
हम पेड़ फलदार लेकर आते है ।
तुम पतझड़ लेकर चलो ,
हम मौसम-ए-बहार लेकर आते है।
तुम उलझन लेकर चलो ,
हम चैन-ओ-क़रार लेकर आते है ।
तुम बारूद लेकर चलो ,
हम यलगार लेकर आते है ।
तुम तलवार लेकर चलो ,
हम किरदार लेकर आते है ।
तुम सरकार लेकर चलो ,
हम दरकार लेकर आते है ।
तुम फ़तह अपने सर लेकर चलो ,
हम गले अपने हार लेकर आते है ।
- राजेश ‘ राणा ’

चुनिन्दा शायरी

"जेहन के कुछ उलझे सवाल......"

48. ए ख़ुदा..

रखना है तो, मुझे सच्चा ही रख ख़ुदा,
ताउम्र यु मुझे , बच्चा ही रख खुदा ।
मुक्क़मल न बना थोड़ी कमतरी भी दे ,
अभी थोड़ा सा कच्चा ही रख खुदा ।
परिन्दे मंदिर-मस्ज़िद दोनों पे जा बैठते हैं,
मुल्क मेरा अच्छा है ,अच्छा ही रख ख़ुदा ।
- राजेश ' राणा '

49. किरदार में मेरे....

पहनने से सर पे दस्तारी , सरदारी नही आती ,
किरदार में मेरे , औरो सी किरदारी नही आती ।
टूटते दम तक दौड़ना भी पड़ता है जीत के लिए,
पैरों में नाल डाल लेने से ही रफ्तारी नही आती।
फ़क़त रोटी की जुगत में रहता है मुफ़लिस रोज,
घर उसके कभी भाजी-तरकारी नही आती ।
ज़मीर , ज़मी से ऊपर उड़ने नही देता कभी,
दरबार में रहकर भी मुझे दरबारी नही आती ।
मुनीम उसकी बही में हेर-फेर कर देता है "राणा"
उंगलियों पे हिसाब है , गरीब को होशियारी नही आती।
- राजेश "राणा"

50. दास्ताँ-ए-ज़िन्दगी..

पल रहा है तू अभी बरगद की छांव तले ,
हम भी पलने वाले है धुप के गांव तले ।
आँधियो ने मिलकर अपना काम कर दिया,
अकेली चिंगारी कब तक जलती अलाव तले।
बिच समंदर में डूबना भी तो तय ही था मेरा,
अपना कोई छेद कर गया था मेरी नाव तले ।
ज़ख्म देने के बाद भी न रुका सितमगर वो ,
नमक भी साथ रख गया वो मेरे घाव तले ।
पैरों को न थका "राणा" मन्नतो की दौड़ में,
एक खुदा का घर भी तो है माँ के पांव तले ।
- राजेश ' राणा '

51. शक के घेरे...

हर आदमी अब शक के घेरे में है ,
इंसानियत का वजूद अब अंधेरे में है।
ज़िंदा क़ौमे अब बची ही कहा है ,
धरती अपने आख़री फेरे में है ।
लंबी फेहरिस्त है जुदा जुदा कौमो की,
ख़ुदा न जाने किस मज़हबी डेरे में है।
इंसानियत का गला कटता यहां रोज ,
दरिंदे हर गली हर डगर हर बसेरे में है।
किसी को चाह नही है आजकल शब की,
हर किसी की ख़्वाहिश सुबह सवेरे में है।
- राजेश ‘ राणा ’

52. कुज़ागर तेरा..

हर शख्स अपनी नाक पे बैठा है ,

ज्यों उल्लू कोई शाख़ पे बैठा है । (१)

बाजार में तगादियों की कमी नही,

धन्ना सेठ भी इसी धाक पे बैठा है । (२)

कोई और दिखता ही नही उसके सिवा ,

दिलबर मेरा, मेरी आँख पे बैठा है। (३)

तेरी गली में जाऊ और क़त्ल हो जाऊ,

दुश्मन मेरा बस इसी ताक पे बैठा है । (४)

इतनी जल्दी न खुद को कमतरी से देख,

कुज़ागर तेरा अभी तो चाक पे बैठा है । (५)

ज़मी पे रहकर आसमाँ को नापने चला "राणा"

अरे आदम तू तो अभी अपनी राख पे बैठा है । (६)

- राजेश ' राणा '

53. बुरा हुआ....

बुरा भी हुआ तो अच्छे के लिए,
राहे आसान नही सच्चे के लिए।
दरख़्त ने टहनियां फैला दी ,
धुप में खेलते बच्चे के लिए ।
बूढ़े शज़र को कितने पत्थर जा लगे,
फ़क़त एक आम कच्चे के लिए ।
बाप ने पेट बेचकर घर बनाया,
बेटे झगड़ पड़े छज्जे के लिए !
- राजेश ‘ राणा ’

54. जद्दोजहत से...

जद्दोजहत से ज़िन्दगी की बसर में रहता है ,
उसका हर दिन एक नए सफर में रहता है।
बागबां को है ख़बर कि फूल संग कांटे है,
फिर भी वो गुलिस्ता के संवर में रहता है ।
उस्तादों की शागिर्दी हासिल है उसे ,
तभी उसका हर शे'र बहर में रहता है ।
किसी भी सम्त में रहे वो , पर रहता है जरूर
घर से बाहर भी बेटा ,माँ की नज़र में रहता है।
चंद कागज के टुकड़ो की ख़्वाहिशे पाले,
लोग कहते है कि "राणा" शहर में रहता है ।
यही सोच कर यायावर हो गया "राणा" के,
मुश्किलों का आना तो अक्सर घर में रहता है।
- राजेश ' राणा '

55. रंजिश...

हुस्न को रंजिश है कि मैं बहकता नही हूँ ,
रहता हूँ शोलो में मगर दहकता नही हूँ।
मैं फुलो की हिफाज़त में लगा कांटा हूँ ,
रहता हूँ फूलों में मगर महकता नही हूँ ।
परिंदा ये खामोश-खामोश सा रहता है,
घौंसला उजड़ गया , मैं चहकता नही हूँ ।
- राजेश ' राणा '

56. यानि कि....

अच्छे- अच्छों को आजकल खल रहा हूँ ,
यानी के मैं सही रास्ते पे चल रहा हूँ ।
अहसास-ए-कमतरी के मारे , बैठे है सारे ,
डरते है वो के आइना ले के चल रहा हूं।
तीरगी भी मुझसे कुछ खौफ़ खाती है ,
मायने इसके ये है कि मैं जल रहा हूँ।
शिकवे है तुझे मेरे बदल जाने के क्यों ?
तुझे ही देख कर तो चेहरे बदल रहा हूँ।
- राजेश ' राणा '

57. कौन कहता है...

कौन कहता है कि , तन्हाई एक सज़ा है ।
थोड़ा मुझसा जी के देखो कितना मज़ा है।
बामक़सद जीने में कितनी-कितनी उल्फ़त है ,
अपने वक्त के साथ रहना ही उस रब की रज़ा है ।
अँधा हूँ जनाब , जो जिधर कहें उधर चल देता हूँ ,
मन में भी एक आँख दे मौला , इतनी इल्तिज़ा है ।
कुछ पत्थरों को तराशने में जख़्म खा बैठा हूँ मैं,
हर तरफ नफ़रत के गुल खिले है ये कैसी फ़िज़ा है।
- राजेश ' राणा

58. ये फनकारी...

कहाँ से सीखी है ये फनकारी ,
होंठो पे मुस्कान और जुबान पर आरी ,
मुस्कान देखके होश न खोइयेगा ,
नियत लिए फिरते है दो धारी ।
लोगो की परख का इल्म कहा मिले ,
पुण्य तो कम , पाप लिये फिरते है भारी ।
सांप और नेवलों की आजकल जुगलबंदी है ,
जुबाँ पर चासनी है , नियत एकदम खारी ।
कल को सच भी , झूठ के चौराहे पे मिले "राणा"
मेरे शब्द क्या कहे , नियति भी इनसे हारी ।
- राजेश ' राणा '

59. गर आप जी नही सकते...

अगर आप जी नही सकते तो मर जाओ ,
जिंदगी की जंग जीतने उतरे हो मैदान में ,
दम लगा के खेलों , नही तो घर जाओ ।
हौसला रखो अपने आत्मबल पे गज़ब का,
नही तो सिर्फ अपने नसीब से डर जाओ ।
काँटों पे चलकर ही आंशिया मिलेगा तुम्हे ,
मीठे जख्म खाना है तो फूलो की डगर जाओ ।
जाओ मुक्क़मल जहान मिले तुम्हे राह में ,
गर साथ चलना है तो जरा ठहर जाओ ।
बेतरतीबी भी कभी कभी अच्छी लगती है चेहरे पे,
सीरत अच्छी भाती है मुझे , चाहे जितना संवर जाओ।
- राजेश ' राणा '

60. मिट्टी का बना...

मिट्टी का बना इंसान हूँ , सोने की चमक रखता हूँ ,
मेहनत के पसीने में कस्तूरी सी महक रखता हूं।
न मिल्कियत , न ओहदेदारी , न जागीरी न सरपरस्ती ,
अलमस्त नुमाइंदगी लिए , अलहदा धमक रखता हूँ ।
ढूंढ़ लो जो मिले दाग बेउसूली के मेरे दामन पे,
मटमैले लिबास पर , ईमान की दमक रखता हूँ।
यू तो चलता हूँ पानी सी रवानी लिए राहों पर अपनी,
जरूरते-वक्त , जिगरे-आग , अंगार-ए-दहक रखता हूँ।
खामोश ही गुजरना मेरी फ़ितरत में है शुमार ,
ज़िंदादिली से जिता हूँ , दिल में जज़्बाती कसक रखता हूँ ।
- राजेश ' राणा '

61. इतनी सी तो दूरी थी...

बस अपने दरमियाँ इतनी सी तो दूरी थी ,
तुझमे अमीरी थी और मुझमे ज़मीरी थी ।
वक्त था मेरा , कभी भी बदल ही जाता ,
सूरज ने दे दी थी दस्तक , थोड़ी सी देरी थी ।
गर्दिशों ने मारा था , मेरा वक्त बेसहारा था ,
सहर की राह पर था , भले राते मेरी अँधेरी थी ।
तेरे ज़िक्र का स्वाद भी कम कड़वा न था "राणा "
चाहतों की कद्र कर लेते ,क्या तेरी थी , क्या मेरी थी ।
- राजेश ' राणा '

62. आदमी..

आदमी आजकल चुप रहता है , किरदार बोलता है ,
नफा नुकसान देख कर ही , खुद को तौलता है ।
यु तो उसके ज़ेहन में कई पैचोखम मौजू होते है ,
देखकर रिश्तो की चाशनी , खुद को घोलता है ।
अकड़ , ऐब , रूबाब तो अपनी जेब में लिए फिरता है,
नरमाई की भाषा भुला आजकल, फ़टे मुँह बोलता है ।
अस्मत लूटी जाती है आजकल सरेबाजार चौराहों पे,
ऐसे मौके-बेमौके क्यूँ नही उसका खून खौलता है।
- राजेश ' राणा '

63. इन दिनों में...

बड़ी बरकत चल रही है आजकल मौकापरस्तों की ,
तुम्हारा घर जल रहा है , तभी इनका घर चल रहा है।
हर लाश में ये जात ढूंढते है बड़ी शिद्दत से जाने क्यों,
इन फिरकापरस्तों को आपसी सौहार्द खल रहा है ।
चिंगारी लेके चलते है साथ , थोड़ा दूर ही रखना इन्हें,
इन ज़हरी लोगो से इन दिनों मेरा वतन जल रहा है ।
- राजेश ' राणा '

64. अभी...

अभी उड़ान भरी है , और वो मेरे पर गिनाने लगे ,
मेरा वज़ूद ख़ाक हुआ , वो अपनों के सर गिनाने लगे ! (१)
मर्ज़ लाइलाज था बीमारी का , कड़वी दवा पी है,
कुछ नौसिखिये हाकिम अभी असर गिनाने लगे ! (२)
मेरे नन्हे पौधे को हर कोई उखाड़ कर देख रहा कि
आयी है कितनी जड़े , हैं कितना कसर गिनाने लगे। (३)
मेरी ये दौड़ भी तुम्हारी जीत बनेगी ये जान लो तुम ,
मेरी एक छोटी सी थकन को क्यों मेरी हार गिनाने लगे। (४)
- राजेश ' राणा '

65. तर्जुमानी कर दूँ...

सांसो की तर्जुमानी कर दूँ ,
जलती आग को पानी कर दूँ।
किरदार सारे मर गए मेरे ,
ख़त्म अपनी कहानी कर दूँ ।
धो लूँ पाप गंगा में फिर अपने ,
खूं अपना खानदानी कर दूँ।
रूह का ज़िस्म कुत्ते नौच खाये,
बस हैराँ अपनी पेशानी कर दूँ।
शज़र से अपना राब्ता न रहा ,
उड़ान क्या आसमानी कर दूँ।
ख़्वाहिश अपनी खुद मार दूँ
और जीने में आसानी कर दूँ।
यूँ ही परेशां ग़मज़दा है "राणा"
थोड़ी सी और हैरानी कर दूँ ।
- राजेश 'राणा'

66. कैसे मेरी ज़िंदगी मेरी...

कैसे मेरी ज़िंदगी झोपडी में भी ठाठ मार जाती है ,
शर्म के मारे हवेली की मुस्कान को काठ मार जाती है।
मुश्किलों से खोलता हूँ मैं तहों में बंधी मुस्कान को ,
बदनसीबी आकार फिर होंठो पर गांठ मार जाती है ।
दिल मेरा फिर से बचपन का हुए जाता है और,
घुटनो में दर्द लिए हुए उम्र ये साठ मार जाती है।
मुहब्बत से मुतमुइन नही हूँ , ये अपना तज़ुर्बा है पर,
शौखी से हँस दे वो, मुहब्बत फिर गुलाट मार जाती है।
- राजेश ' राणा '

67. आदमी चाहे तो...

आदमी चाहे तो वक्त को भी मोड़ दे ;
हालातों का गला पकड़ कलाई मरोड़ दे !
सुखद स्वप्नों में जीने वाले नही बनते विजेता ;
जलकर चमके आदमी , सूरज का गुरुर तोड़ दे !
कदम-दर-कदम गिरते संभलते चलना सीखकर ;
आदमी चाहे तो रफ़्तार में अश्व को पीछे छोड़ दे !
- राजेश ' राणा '

68. शिक्षक

हम खिलते गुल बाग के , वे बगिया के माली ,
हम ज्यों कोई बंजर ज़मी , वे मेहनती हाली ।
उनके ज्ञान से रोशन जीवन का कोना-कोना,
वे तिमीर में जलते दीप , हम अमावस काली ।
चरणों में ही उनके जाकर मिटी ज्ञानपिपासा,
वे है अक्षय ज्ञानकूप और हम है लोटे खाली !
उनके आशीष से ही सफल हुए है इम्तिहान ,
वे सारे प्रश्नों के हल , हम है केवल सवाली ।
- राजेश ' राणा '

69. कौन कहता है...

कौन कहता है , हमसफ़र बने तो ही रिश्ते निभाते है लोग ,
हो चाहे कितनी भी दूर , करीबी जताते है लोग ।
तेरा मेरा रिश्ता ये तुम समझो या मैं ,
मिले मुझे ठोकर तो , आह भर जाते है लोग ।
स्वहित साधने सब खड़े , परहित न समझे कोई ,
हूँ जैसा भी , छवि मेरी बनाते है लोग ।
कितने गिले शिकवे लिए फिरते है मेरी बातों से ,
मैं झुक जाता हूं , खुदा बन जाते है लोग।
- राजेश ' राणा '

70. निगेहबानी..

कौन कौन किस कारस्तानी में है ,
सब कुछ मेरी निगेहबानी में है ।
किसी दिन काट सरहद पर सर्द रात,
पता चले खूं तेरा कितना रवानी में है ।
तुम यूँ न जाओ अधूरा किस्सा सुनकर ,
किरदार मेरा आना अभी कहानी में है।
पानी पीकर भी गुजारा करते है मुफ़लिस,
पता करो तो जरा , क्या दूध पानी में है ।
लोग मुझसे जरा फासले से ही मिलते है ,
थोड़ी अंदाज़-ए-तल्खी मेरी बयानी में है।

- राजेश ' राणा '

71. क्षणिका...

तिनका तिनका जोड़ ,
बनाई अपनी ठांव !
नित दिन मिलते ,
कितने मन के घाव ! (1)
बिच मझधार डोलें ,
जीवन की ये नाव !
बैरी मन तलाश रहा ,
धुप में मन की छांव !! (2)
घुट घुट मन टूट रहा ,
बचा न अब लगाव !
चलो उधर ही चल पड़े ,
जहाँ है अपना गांव !! (3)
मन का मनका जोड़ कर ,
बनाई जीवन माला !
समझ आया जीवन ,
हैं कटु विष प्याला !! (4)
ख़ामोशी ही कह जाती है ,
कोई अनकही बात !!
अनकहे शब्द ही करें ,
कोमल मन पर घात !! (5)
आहत मन हो चला
कर बैठा है बैर !
भरे मन सब बैठे
पूछे न कोई खैर !! (6)

काश कोई कर जाये
मेरे मन की बात !
बीच भंवर उलझे है ,
कौन समझे हालात !! (7)
- राजेश ' राणा '

Liners

"किसी ने यह कहकर कि इश्क और जंग में सब जायज है ,
इश्क और जंग की सारे नैतिकताए ही खत्म कर दी है ! '

-Rajesh Raana"

72. जेहन से निकले कुछ ख्याल...

मेरे अच्छे वक्त से साथी , मुझे ये तो बता ,
मेरे बुरे वक्त का तलबगार कौन बने !

--

हम तो सूखे दरख़्त थे जनाब हमें धुप में सिर्फ जलना था ,
आप थे छाँव में खिलते गुलाब , आपको दिलो में पलना था ,
हमारी तुम्हारी सोहबत तो अंगारे बरसाने वाली थी !

--

यूँ न हार ए जिंदगी कई मुकाम अभी बाकी है ,
शहर का महल जल गया तो क्या हुआ , गांव का मकान बाकि है
!

--

कि हुनर है मुझमे परछाई देखकर ही कद नाप लेने का ,
ये अलग बात है आप अपनी ऊचाई पर फक्र करते रहे !

--

ये अंदाज़ आपके बड़ी कयामत ढा रहे है ,
हो सके तो अपनी जमानत करवा लीजिये !

--

बड़े करीने से सजा रखे है अरमानो के गलीचे
जरा आइये तो सही ख़्वाब महल में !

--

जब से मेरा चेहरा मुक्कमल आइना हुआ है ,
सामने खड़ा शख्स पसीना पसीना हुआ है ,

चेहरे की शिकन को पलभर में भांप लेता हूँ ,
एक नज़र में ही इन्सान का कद नाप लेता हूँ !

--

जिसे भी देखो यही कहता है , मुझे आपसे यह उम्मीद नही थी ,
अब मै इन्सान न हुआ कोई उम्मीदों का आसमान हो गया !

--

ज़रा आहिस्ता से कीजियेगा अल्फाजो की पेशगी लबो पे ,
आजकल हर अल्फाज़ मुखबिरी कर जाता है मुझसे !

--

बड़ी पशोपेश में हूँ , हर कोई पूछता है हुआ क्या है ??
नाम उसका झट से ले लूँ , कोई पूछे तो दावा क्या है ??

--

आया जो ज़लज़ला तो बेशक ,
टूटेंगे महल वे जो गगन चुमते है ,
मेरा तो मकीं ज़मीं के आँचल में है ,
मुझे ज़लज़लो को कोई खौफ नही !

--

एक अरसे से कैद था खुद की बनाई सलाखों में ,
तलाश रहा वजूद , नज़र न आया तेरी आँखों में ,
और जो ये दर्द , रुसवाई , तन्हाई मेरे जानिब है ,
मुफ्त में मुझे दे गए , जिन्हें माना था लाखो में !

--

तमाशबीन हुए जा रहा वक्त मेरा आजकल ,
कमबख्त खुशियों में रोता है गम में हँसता है !

--

मौसम दर मौसम दरख़्त बदलता रहा ,
शिकायते आती जाती हवाओ से रही !

--

आसमान ने अपनी हदें न तोड़ी न छोड़ी ,

हदों की रस्साकसी तो ज़मी वाले करते रहे !

--

कुछ परहेज हो तो बता दे ए जिंदगी अमल करूँगा ,
तेरी कुछ बातों ने बहुत बीमार कर दिया है !

--

कभी गरीब के घर का भोजन भगवान खाते थे ,
आजकल सियासत ही भगवान है इसलिए नेता खाते है !

--

बा-इज़्ज़त रिहा कर दे ए जिंदगी मुझे अपनी कैद से ,
बड़े तंज कसते है आजकल हर गुजरते दिन मुझ पर !

--

ना कितने संज़ीदा लोग गुमनान हो गये ,
कुछ बेहूदा हुए जो आज की सुर्खी बन गये !

--

दिवाली की रौनके तो सिर्फ बाजारों में नज़र आयी है ,
अख़बार तो कह रहा , किसी के हिस्से भूखी मौत आई है !

--

दुश्मनों को तो एक मुट्ठी में संभाले हूँ ,
बस कुछ अपनों का खतरा पालें हूँ !

--

जिंदगी अभी हालातों के रहा चौकीदारी कर रही ,
वही कुछ ख्वाहिशे फिर साहब बनाने पर तुली हुई !

--

आजकल जॉन एलिया को मै खूब पढ़ रहा हूँ ,
समझ जाइये किन दौर-ए-हालात से गुजर रहा हूँ !

--

क्या बताये कि क्यों कलाइयों पर छालें है ,
अरे मियाँ कुछ साँप आस्तीन में पाले है !

--

आजकल हर कुत्ते को कुत्ता कह दो तो भौंकने लगे ,
अब हर कुत्ते को कुत्ता न होने का गज़ब ऐब है !
--

कि मै जो खामोश हूँ तो ये न जान की मै हार गया ,
आने वाले तूफ़ा कभी मुनादी नही किया करते !
मै जो बैठ गया तो ये न जान की मै थक गया ,
शिकार करते शेर कभी आहट नही करते !
--

अच्छे से अच्छा पेश आना आपका फर्ज है,
तो बुरे से बुरा पेश आने में कौनसा हर्ज़ है !
--

जरा आहिस्ता से कीजिये बदगुमानी मेरी ,
हर अल्फाज़ करता है आजकल मुखबिरी तेरी !
--

सारे फैसले मेरे खिलाफ जाने लगे थे ,
दुआ माँ की हर वक्त मेरे साथ थी ,
--

कुछ बैगैरतो के घर भी अजीब गैरत देखी ,
बदन झांक रहा था खुद के लबादे के बाहर ,
बस गरीब के फटे कपड़ो में ही हैरत देखी !
--

मुझें चोट लग रही थी , मै जाने क्यों प्रतिकार कर रहा था ,
वो कुज़ागर∗ था मेरा , मुझे गढ़ने के लिए वार कर रहा था !
∗ कुम्हार
--

ख्वाहिशो की कस्ती मेरी तैरती है उलझनों के सैलाब पर ,
हकीकतों से दो दो हाथ करने आ जाते है हम भी ख़्वाब पर !
--

वफादारी के उसूल कुछ ऐसे निभाता हूँ ,

कोई याद करें उससे पहले याद दिलाता हूँ ,
वो अपने कुचे में रहता है मै अपने कुचे* में ,
नज़र नही मिलता वो , मै फिर भी हाथ हिलाता हूँ !
*घर

--

ज़माने भर के ज़गीरदार मुझसे दूर ही रहे तो बेहतर ,
मेरा मकीं* तो मेरे दिल की बस इंच भर जमीं है !
*महल

--

भूख थी इश्क की इक अरसे से , खाने को इश्क में धोखा खाया ,
अब इश्क से बड़ी परहेजी है , दिल फ़कत खौंफ खाता है !

--

मुक़द्दर की मुखबिरी होती तो करवाता मै ,
सुकून जाने कहा फरारी काट रहा मेरा !

--

पत्ता पत्ता शज़र* से रूठकर टूट गया . *पेड़
लम्हा लम्हा वक्त से रूठकर छुट गया ,
आबयारी* न की माली ने पौधे की कभी , *खाद-पानी
खिलते ही फुल वो चुपके से लुट गया !

--

पिस रहा है वक्त मुझे मशालों की तरह ,
तय है कि महक मेरी लाजवाब होगी !

--

क्यों तू धुप को कोसकर वक्त जाया करता है ,
तेरा बदन भी तो तुझ जितनी छाया करता है !

--

तुम्हे फक्र है कि तुम्हारे सर पे पगड़ी है ,
गनीमत है कि मुफलिस* के कांधे पे अभी सर है !
*ग़रीब

--

शहर की ये ख़वाहिशे मेरे गाँव तक आ गयी ,
तेरे शहर की कॉलोनी मेरे खेत को खा गयी !

--

इस से ज्यादा और क्या खुद से अदावत करें ,
जिनसे मुँह जले हुए है उन्ही के मुँह लगे हुए है !

--

जितना मेरा दिल नही धड़कता ,
उससे कही ज्यादा मेरी आँखे फडकती है ,
ये जिंदगी भी साली बारहा
हादसों का सिलसिला जो ठहरी !

--

हर दिन मेरा बड़ा उनींदा सा रहता है ,
जाने कौन मुझे नींद में भी जगाये रहता है !

--

इश्क मेरा उसे अब लुभाता नही ,
वो मेरी गली अब आता जाता नही ,
अब वो कहता नही कि 'मै आऊ' ,
इसलिए अब मै उसको बुलाता नही !

--

गुरुर करते होंगे वो दौलत हवेली के बूते पर ,
मुझे तो नाज़ है मेरे बाप के फटे हुए जूते पर !

--

कभी घर मेरा मुक्कमल न बन सका ,
मैंने छत को मनाया मुसलसल दीवारे रूठ गयी ,
कितने अरमानो से बड़ा किया मैंने पौधा ,
खिलने का वक्त आया मुसलसल बहारे रूठ गयी !

--

मै किसी हिज़री की तारीख नही तो रोज बदल जाऊं ,

मै कोई मुक्कमल इबारत , रोज यकसाँ नजर आऊ !

--

इसलिए भी मुझे उजालों से डर लगता है ,
एक शख्स मुझे अरसे से अंधेरो में रखे हुए !

--

कैसे कहे दोस्त कि अपने मुल्क में भाईचारा है ,
मेरे घर पर पत्थर भी तो मेरे भाई ने मारा है !

--

ज़माने में भटके हुए लोग तो घर आये ,
घरो में भटके हुए लोग कहा जाये !

--

उसने ही बुलाया था कभी दर पे अपने मुझे ,
मै पागल नशे में झुमने हुए चला आया था ,
रास्ते बदलने को अब वो कह रहा है मुझे ,
जो मेरे रास्तों को चुमते हुए चला आया था !

--

यूँ ही नही मेरा ये तनबदन काला हुआ है ,
खुद जला हूँ तब जाकर ये उजाला हुआ है !

--

साड़ी कवायदे बस घोंसले का अंडा बचाने की ,
वरना दरख़्त तो ये कब का सुख चुका है !

--

मार दिया है खुद को मैंने कुछ बैगैरतो की खातिर ,
मुझसा ही मै अब तुम्हे अगले ज़माने में मिलूँगा !

--

खामखा किसी की ख़ुशी मै खलल पड़ता है ,
सो हम अपनी नाखुशी किसी से नही कहते !

--

जाने क्यों ये ज़माना मुझे समझदार कहने लगा है ,

वरना माँ तो मुझे अब भी बच्चा ही कहती है !

--

बात पते की कभी पते तक नही पहुँचती ,
इसलिए अब मैंने चिट्ठिया लिखना छोड़ दिया !

--

सब मज़ा यु किरकिरा कर रखा है ,
इस ज़ीस्त ने मुझे यु सिरफिरा कर रखा है !

माँ से बड़ा अब तक कोई जादूगर नही देखा मैंने ,
दवाई नही माँ दर्द को फूंक मारकर गायब करती है !

--

मंज़र ऐसे है कि अब देखें नही जाते ,
आँखों में भी मेरी अब तो छाले हो गए !

--

अरसे से मैंने घर में सब्र पाल रखा है ,
मजाल है कोई कुत्ता मुझ पर भौंके !

--

ये तो सच है कि माँ ने अपने दूध पिलाया है ,
यह न भूलो बाप अपना पसीना पिलाता है !

--

पहले पहल तो आँसू सारे औरतो के हिस्से आ गए ,
सो आदमी कभी रोकर आँसू बहाता न दिखा !

--

न माँ के पास थी गुल्लक कभी
न बाप के पास था बटुआ कोई ,
जो आज से युद्ध लड़ रहा हो ,
कल के लिए क्या बचाता भला !

--

हर चीज हाथ से फिसलती जा रही है ,

थोड़े खुरदुरे होते तो अच्छा था !

--

यूँ तो हमदर्दों की फ़ौज कड़ी रहती अपने लिए ,
बस किसी के कांधे कमजोर है तो किसी के बाजु !

--

फटे हुए रिश्तों में क्या पैबंद लगाये
जब सारी जिंदगी ही उधड़ी पड़ी है !

--

कितनी पीछे छुटी जिंदगी ,
हाथ से गिरकर टूटी जिंदगी ,
महबूब सी हकदारी करती रही
बारहा मुझसे रूठी जिंदगी !

--

हम मरहम से भी मरहूम रहे
ये चोटों का सिलसिला बदस्तूर जारी है !

--

बस इतनी सी बात पर टूटी अपनी जिंदगी की कड़ी ,
मेरी हसरते बहुत छोटी थी तेरी ख्वाहिशे बहुत बड़ी !

--

जरा सी कड़वाहट पर ही मुँह बनाने लगे हो ,
ये ज़ायके जिंदगी के है मुस्कुराके खाइए !

--

जब भी मेरा वक्त गर्दिश में दिखता है ,
खुदा मेरा मेरी नई इबारत लिखता है !

--

लफ्जों की हुनरबाज़ी से अनजान हूँ मै ,
हर्फ़ अपने कुछ खूने-ज़िगर से निकलते है !

--

तेरी ख्वाहिशे अक्सर गमो की तामिली कर जाती है ,

तेरा ख्याल क्या किया , मुजरिमों सी मुफ़लिसी है !

--

तालीम ही तमाशा करवाती है आजकल चौराहों पर ,
अनपढ़ तो अनगढ़ सा अनजान खड़ा रहता है !

--

घुटनों के बल चलकर पाई है कुछ बुलंदिया ,
जिनके आदमकद खड़े हो गये उन्हें गवारा नही !

--

कुछ बहुत मीठे लोग जिंदगी में आये
और खामखा शुगर कर गए !

--

अगर हमने दिल में दिमाग न रखा तो
दिमाग में दिल रखने वालो से धोखा खा जायेंगे !

--

अकड़बाजों को मुझसे कुछ ऐसे दूर रखा है ,
झुककर न आयेंगे , इसलिए दरवाज़ा छोटा रखा है !

--

मेरे अदब को मेरी हैसियत न न समझो ,
जो हम सामने तनकर भी खड़े हुए तो पीठ के बल गिरोगे !

--

खुद्दारी मेरी यही है खुद से कि कुछ लोग ,
जूते भी बने तो काँटों पर नंगे पैर ही चलूँगा !

--

अच्छाई भी उतनी अच्छी नहीं रही आजकल
कहते सुना है ' आदमी अच्छा था जल्दी क्यों मर गया ??
वही
बुराई कितनी फलफूल रही है आजकल हर और
कहते सुना है ' आदमी बुरा है मर क्यों नही जाता ??

--

लम्बे अरसे से तलाश रहा हूँ मै अपने दिल को ,
सच सच बता दो कहा गिरवी रखा हुआ है !

--

आजकल दिल के हालात नासाज़ है यारो ,
कमबख्त ने धीमा ज़हर दिया था अब असर हुआ है !

--

मुझसे वफ़ा की उम्मीद करने वाले सच सच बता दे ,
मेरी मुहब्बत तो आखरी थी , क्या तेरा प्यार पहला था !

--

मेरे पैरो ने ही न अपनी खुद्दारी छोड़ी ,
वरना काँटों की पूरी तैयारी थी लहूलुहान करने की !

--

क़त्ल ही कर दिया मेरी तमाम हसरतों का यह कहकर ,
वक्त तुम्हारा गर्दिश में है , ख्वाहिशे मेरी क्यों मरे !

धन्यवाद

संग्रह के अंत पृष्ठ तक पहुँचने के लिए धन्यवाद , आपकी प्रतिक्रियाओं सुझावों , सलाहों का तहेदिल से स्वागत रहेगा !

आपका - राजेश ' राणा '

मुझसे जुड़े -

Contact No - 96448-99947

eMail - rajesh.surya888@gmail.com

FB - https://www.facebook.com/raj.suryavanshi2

Insta - www.instagram.com/suryavanshirajesh

Youtube - https://www.youtube.com/rajeshraanalifecoach

Linkedin - https://www.linkedin.com/in/rajeshraana